Laura Dorfer

Inversion christlicher Symbole im Satanismus

Von Symbolen des Bösen und ihrer antithetischen Herkunft

Laura Dorfer

Inversion christlicher Symbole im Satanismus

Von Symbolen des Bösen und ihrer antithetischen Herkunft

GRIN Verlag

Bibliografische Information Der Deutschen Bibliothek: Die Deutsche
Bibliothek verzeichnet diese Publikation in der Deutschen Nationalbibliogra-
fie; detaillierte bibliografische Daten sind im Internet über http://dnb.ddb.de/
abrufbar.

1. Auflage 2008
Copyright © 2008 GRIN Verlag
http://www.grin.com/
Druck und Bindung: Books on Demand GmbH, Norderstedt Germany
ISBN 978-3-640-14342-9

Universität Siegen

Proseminar: Das Böse

Modul: 3.2 - Literatur-, Kultur- und Mediengeschichte: Epochen der Literaturgeschichte, interkulturell

Wintersemester 2006/2007

Inversion christlicher Symbole im Satanismus

Von Symbolen des Bösen und ihrer antithetischen Herkunft

vorgelegt von:

Laura Dorfer

6. Semester, Bachelor

Literary, Cultural and Media Studies

Englisch/ Deutsch

Kronberg, 15. Mai 2008

Gliederung

1. Einführung

In den Lehren des Neuen Testaments wird ein dualistisches Bild von Gott und Satan entworfen: Als Gegenspieler Gottes wird der Teufel zum Verursacher von Tod, Sünde und Irrlehren erklärt.[1] Wenn Gott und Satan als konträre Pole postuliert werden, so erscheint es offenkundig, dass ein Symbol für den einen Pol in seiner Umkehrung auf den anderen Pol verweist. Die vorliegende Arbeit möchte zwei der bekanntesten satanistischen Symbole – das inverse Kreuz und die Zahl 666 – auf ihre christlichen Ursprünge hin untersuchen. Mit Rückblick auf die These, dass von einer Inversion der christlichen Symbolik im Satanismus angegangen werden kann, soll eruiert werden, ob der Satanismus zugleich als Spiegelreligion des Christentums zu betrachten ist.

Satanismus bildet einen weiten, unscharfen Begriff. In der hiesigen Arbeit soll der Vielfalt halber keine Einschränkung auf nur einen Teilaspekt des Satanismus erfolgen. So wird gleichwohl historischer als auch moderner Satanismus in der Untersuchung analysiert. Der Schwerpunkt liegt jedoch im Allgemeinen auf dem reaktiven, paradigmatisch konformen und dem autarken, sekundär achristlichen Satanismus – als zwei extrem unterschiedliche Spielarten des Satanismus.[2] Zu erwähnen ist weiterhin, dass eine profunde Abhandlung satanistischer Symbolgeschichte bisher noch nicht vorliegt. Die folgende Analyse kann im Bereich des Satanismus nur den Versuch leisten, eine Symbolgeschichte zu umreißen, da die Fäden beizeiten abreißen. Die auftretenden Lücken und Ungereimtheiten sind indessen selbst Aussage über das Sujet: Ein Satanismus der unzählige Formierungen und Deformierungen – von projiziertem über konformen bis zu expliziten Satanismus –, dessen subkultureller Charakter eine Überlieferung erschwert und dessen mediale Präsentation vielfach das Bild nicht präzisiert sondern verfälscht hat, kann eine stringente Symbolgeschichte schwerlich liefern.

---

[1] Schmidt 2003 S.24
[2] Kategorien entnommen von Schmidt 2003 S.10f.

2.   Symbole und ihre Bedeutung im Christentum und im Satanismus

Bevor der Blickwinkel auf konkrete Symbole gerichtet werden soll, ist es dienlich zunächst den Symbolbegriff anzureißen und die Bedeutung von Symbolen gemeinhin im Christentum als auch im Satanismus zu ermitteln. Das Wort „*Symbol*" stammt von dem griechischen Wort „*symballein*" ab und bedeutet „*zusammenwerfen*", bzw. „*zusammenfügen*".[3] Gemäß einem griechischen Brauch zerbrachen Gastfreunde Schiefertafeln, Ringe oder Würfel und gaben einander zwecks späterer Wiedererkennung eine der abgebrochenen Scherben.[4] Diese fungierten als Ausweise für die Nachfahren, indem überprüft werden konnte, ob eine Scherbe in den Bruchrand der anderen passte.

Wie diese Scherben referieren Symbole auf eine zweite Hälfte, mit der sie zusammengefügt etwas Ganzes erschließen:[5] Etwas Konkretes trifft mit einer Realität höher Ordnung zusammen, so dass eine Bedeutung offenbart wird.[6] Infolge der Ähnlichkeit zwischen dem Symbol und dem Symbolisierten kann Geistiges vergegenwärtigt werden. Durch die Entcodierung eines Symbols erschließen sich dem Betrachter eine Reihe von Assoziationen und Vorstellungen, es werden gleichsam Informationen vermittelt und Emotionen hervorgerufen.[7] Symbole lassen sich in Ursymbole, Allegorien und verweisende Zeichen differenzieren.[8] Während der Verweischarakter auf die Bedeutung bei Ursymbolen so evident ist, dass er von den Menschen aller Rassen, Kulturen und Religionen erfasst werden kann, sind die Allegorien durch reine Setzung des menschlichen Geistes bestimmt und ohne Vorkenntnisse unentschlüsselbar. Verweisende Zeichen unterdessen bewegen sich zwischen den konträren Polen der Ursymbole und Allegorien. In der vorliegenden Arbeit werden die christlichen Symbole Kreuz und Petruskreuz – als verweisende Zeichen – sowie die Zahl 666 – als Allegorie – untersucht. Für den hiesigen Kontext wichtig zu eruieren ist des Weiteren, welche Funktionen Symbole im Christentum und im Satanismus erfüllen. Heilige Symbole im Christentum bezwecken in ihren tiefgründigen Bedeutungen, die Grundsätze und Überlieferung des Glaubens zu sichern.[9] Sie sind als Instrumente der Anbetung zu begreifen, die den Glauben zu konzentrieren und fördern gedenken. Satanisten bedienen sich ebenfalls seit jeher eines starken Symbolismus.[10] Die gängigsten satanistischen Zeichen sind dem Okkultismus, der Astrologie und in inverser

---

[3] Kirchhoff 1985 S.9
[4] Forstner 1977 S.13
[5] Kirchhoff 1985 S.9
[6] Forstner 1977 S.13
[7] Gibson 2000 S.7
[8] Kirchhoff 1985 S.10f.
[9] Gibson 2000 S.21
[10] ebd. S.65

Form dem Christentum entnommen.[11] So wurde rituell in den traditionellen Schwarzen Messen das Christentum karikiert, indem christliche Symbole ihrem Sinn widersprechend verwendet oder umgekehrt wurden.[12] Okkulte Symbole dienten weiterhin dem Zweck, den Teufel in satanistischen schwarzmagischen Praktiken zu beschwören.

3. Das lateinische Kreuz und sein inverses Spiegelbild

3.1 Das christliche Kreuz

Das religiös-existentielle Kreuz-Symbol ist nachweisbar mehr als zweihunderttausend Jahre alt.[13] An dieser Stelle muss davon abgesehen werden, eine ganzheitliche Symbolgeschichte des Kreuzes zu erörtern. Stattdessen beschränkt sich die Analyse auf die Darstellung des christlichen Kreuzes und dessen geläufigste Symboliken. Dieses gilt als weit verbreitetes Zeichen der Christenheit.[14] Als seine historische Form besteht das lateinische Kreuz. Bei diesem ist der Querbalken kürzer als der Längsbalken und nach oben verschoben.[15] Seine Bedeutung leitet sich aus dem biblisch überlieferten Kreuztod Christis ab. Der als Mensch inkarnierte Gott soll den Zyklus des menschlichen Daseins durchlaufen haben, um die Menschen durch seinen Tod von ihren irdischen Fesseln zu befreien.[16] Das Kreuzsymbol verweist nicht nur auf das Hinrichtungswerkzeug Jesu, sondern primär auf die Überwindung des Todes, die sich in der Auferstehung manifestiert.[17] Es ist somit Symbol für das ewige Leben und den Triumph über den Tod.

Des Weiteren versinnbildlicht das Kreuz durch seine vertikale und horizontale Ausrichtung die Vereinigung der Gegensätze, die seit dem Sündenfall und der Vertreibung aus dem Paradies das ursprüngliche Verhältnis zwischen Gott und dem Menschen prägen:[18] Die Horizontale steht für die Materie, das Irdische, die vertikale Linie deutet auf das Göttliche. Ihre Schnittstelle ist Kraftpunkt, aus dem sich die Welt in die verschiedenen Himmelsrichtungen entfaltet. Das Kreuz ist gleichsam Symbol für die Qualen, die Jesus Christus im Sterben erleiden musste, die Erlösung des Menschen und die Überwindung der dualen Weltsicht. Ungeachtet der

---

[11] Vgl. Jaeger & Pletsch 2002 S.19-22
[12] Gibson 2000 S.65f.
[13] Baudler 1997 S.345
[14] Herrmanns 1988 S.14
[15] Becker 1998 S.155
[16] Bauer & Dümotz & Golowin 2004 S.201
[17] Biedermann 1998 S.250
[18] Bauer & Dümotz & Golowin 2004 S.203

Polyvalenz des Kreuzsymbols wird das lateinische Kreuz von Anhängern des Christentums verwendet, um die Zugehörigkeit zu dieser Religion zu bekennen:[19] So finden sich Kreuzesdarstellungen in Kirchen, auf Bibeln, Schmuckstücken und Gräbern. Die Form des Kreuzes äußert sich des Weiteren in dem Segensgestus und beim Sichbekreuzigen.[20]

3.2 Das Petruskreuz

Ein umgedrehtes lateinisches Kreuz verweist in der christlichen Tradition auf den Martyrertod des Apostel Petrus.[21] Der Überlieferung zufolge hat sich Petrus mit zur Erde gesenktem Haupt kreuzigen lassen, da er unwürdig sei, in gleicher Weise wie sein Herr Jesus Christus zu sterben.[22] Der Jünger Jesu wurde vermutlich auf eigenen Wunsch im Zirkus des Nero ans Kreuz geschlagen, um das Schicksal seines Herrn zu teilen.[23] In diesem Martyrium sehen Christen die göttliche Gnade sichtbar werden, denn Petrus habe in diesem Akt der Verherrlichung Gottes seine Erfüllung erleben dürfen.[24] Die Kreuzigung des Petrus ist für Christen von besonderer Bedeutung, da sie demonstriert, dass der Weg jedes Christen durch die Nachfolge Christi und die Erfahrung des Kreuzes zu einem neuen Leben – dem ewigen Leben – führt. In der Gewissheit von Kreuzigung und Auferstehung liegt für die Kirche Hoffnung und Triumph. So gilt der heilige Petrus fortan als würdiges Vorbild aller späteren Päpste und der christlichen Gemeinschaft.[25] Im Gedenken an den heiligen Petrus wird das Symbol des Petruskreuzes im Christentum und in der bildenden Kunst verwendet.

3.3 Das inverse Kreuz

Das Symbol des auf den Kopf gestellten lateinischen Kreuzes referenziert gegenwärtig nur noch in theologisch aufgeklärten Kreisen auf die Kreuzigung des Apostel Petrus. Hingegen wird es nunmehr von der breiten Öffentlichkeit als antichristliches sowie satanistisches Symbol begriffen.[26] Der historische Ursprung hierfür findet sich in den Schwarzen Messen im 17. Jahrhundert. In diesen die christliche Messe pervertierenden und karikierenden rituellen Praktiken wurden schwarzmagische Handlungen ausgeübt.[27] Die Entweihung der römisch-katholischen Messe wurde insbesondere durch die Umkehrung der christlichen Kulthandlun-

---

[19] Bihler 1994 S.241
[20] Becker 1998 S.156
[21] Biedermann 1998 S.250
[22] Böttrich 2001 S.226
[23] http://www.heiligenlexikon.de/BiographienP/Petrus.htm
[24] Kemner 1980 S.91f.
[25] http://www.heiligenlexikon.de/BiographienP/Petrus.htm
[26] vgl. Jaeger & Pletsch 2002 S.19
[27] Bonin 1976 S.446

gen gefrönt: Rückwärtslesen der Messtexte, Verbrennen und Schänden der Hostie, Schlagen und Bespucken des Abbild Christi sowie das Auspeitschen oder Umdrehen des Kreuzes bzw. Kruzifixes.[28] Es finden sich in der Ausübung der Schwarzen Messen zu jener Zeit in den verschiedenen Gruppierungen Unterschiede im Ritual. Im Folgenden sollen diejenigen Praktiken vorgestellt werden, in denen das kultische Element des Kreuzes von besonderer Bedeutung war. Hierbei ist zu erwähnen, dass das Kreuz in umgedrehter Form nur in Einzelfällen verwendet wurde und erst im modernen Satanismus zu einem der einflussreichsten Symbole hochstilisiert wurde.

In der 1623 erschienen Abhandlung „Histoire veritable et memorable de ce qui c'est passé sous l'exorcisme de trois filles possedées és pais de Flandre, en la descouverte et confession de Marie de Sains…et Simone Dourlet, complice, et autres. Extraict des memoires de Messire Nicolas de Momorenci…et du R.P.F. Sebastien Michaëlis [O.P.] … et du R.P.F. Francois Donsieux…mis en lumiere par J. le Normant…etc." wird geschildert, wie Schwarze Messen parallel zum christlichen Kult konzipiert wurden.[29] Mit dem Kreuz wurde wie folgt verfahren: *„Sie [Marie de Sains] hat auch gesagt und erklärt, daß man diesmal […] nur ein Kruzifix aus Holz oder aus Alabaster genommen habe; [ein andermal] aber ein aus Brot gebildetes Kreuz, das man dann später konsekriert habe, indem sie sagte, daß man es zuerst auf tausenderlei Weise entehrt habe; und daß man es dann mit den Füßen getreten habe und es in Stücke zerrissen habe, die man danach den Hunden zum Fressen vorgeworfen habe."*[30] In diesem Ritual zeigt sich, wie Elemente der christlichen Vorstellungswelt in antichristlichen Praktiken verwünscht und zerstört werden, um die Abneigung zum Christentum zu artikulieren. Die wohl bekanntesten Episoden an Schwarzen Messen ereigneten sich Ende des 17. Jahrhunderts in Paris unter Cátherine Deshayes, genannte La Voisin, dem katholischen Priester Abbé Guibourg, dem Magier Lesage und der Mätresse des Königs Louis XIV Madame de Montespan.[31] In den Prozessakten äußern sich die Beteiligten über die Ritualistik der Messen, in denen das Kreuz eine bedeutende Position einnahm. Gemäß der Tochter der Voisin wurde in den Messen ein Kreuz verwendet, in welches Teile von dem Kreuz Christi gearbeitet wurden.[32] Dieses sakrale Kreuz wurde in den Messen auf der Brust der nackten Madame Montespan drapiert, just neben dem Kelch. Die Verwendung von christlichen Symbolen steht hier im Kontrast zu den unchristlichen Praktiken. So wurde in den Messen eine große Anzahl von Kindern getö-

[28] Grandt 2000 S.42
[29] Zacharias 1990 S.94-97
[30] De Chiremont 1623 zit. n.: Zacharias 1990 S.95
[31] Frick 1985 S.121-124
[32] Zacharias 1990 S.109-12

tet. Das Kreuz muss weder verkehrt, noch zerstört werden, da die Pervertierung des Symbols gänzlich durch die Messe selbst gewährleistet wird.

In den gegenwärtigen Schwarzen Messen schließlich findet sich beständig das Symbol des umgekehrten Kreuzes. In dem Satanismus-Leitfaden „Satanische Bibel und Rituale" verfasst von Anton Szandor LaVey, dem Begründer der Church of Satan, wird beschrieben, in welcher Form eine Schwarze Messe inszeniert werden sollte. Das umgedrehte Kreuz gehört hierbei dem Katalog essentieller satanistischer Elemente an: „*Die Wand hinter dem Altar sollte mit dem Baphomet-Siegel oder einem inversen Kreuz geschmückt sein.*"[33] In Anlehnung an die traditionellen Schwarzen Messen wird in dieser modernen Spielart die christliche Liturgie verkehrt: Die Hostien bestehen aus Rübenschnitzel, als Weihwasser fungiert Urin und das Kreuz wird verkehrt.[34] Zu betonen ist jedoch, dass diese Messen just den Zweck erfüllen, die Teilnehmer emotional zu stimulieren und ihren klischeehaften Erwartungen gerecht zu werden.[35] So sind die Rituale als Psychodrama mit allerlei Showeffekten inszeniert und dienen mehr dem Unterhaltungszweck denn einer tatsächlichen Verehrung Satans. LaVey selbst distanziert sich zugleich in seinem Werk von der historischen Darstellung Schwarzer Messen: „*Die Feststellung, dass die gotteslästerlichste aller religiösen Zeremonien [die Schwarze Messe] nicht mehr ist als eine literarische Erfindung, ist sicherlich eine Aussage, die näher erläutert werden muss – aber nichts könnte wahrer sein.*"[36] Summa summarum gilt es als eines der bedeutendsten Symbole im Satanismus. Es signalisiert die Verspottung und Ablehnung des Christentums und wird als satanistisches Erkennungszeichen gehandelt. Auch wenn es in seriösen satanistischen Kreisen kaum von Relevanz ist, wird es in der einschlägigen Literatur und von der breiten Öffentlichkeit als unzweifelhaft satanistisches und bedrohliches Symbol begriffen.

---

[33] LaVey 2007 S.258
[34] Schmidt 2003 S.148
[35] Schweer 1997 S.75f.
[36] LaVey 2007 S.121

4. Die apokalyptische Zahl 666

4.1 Biblischer Hintergrund

Nachdem das inverse Kreuz auf seine Ursprünge und Tradition analysiert wurde, soll dieses Kapitel die Zahl 666 und seine biblischen Hintergründe als auch ihre Übernahme im Satanismus erläutern. Zu beginnen ist mit der apokalyptischen Zahl und ihrer Schöpfung in der Offenbarung des Johannes im Neuen Testament. Die reiche Bildersprache der Apokalypse des Johannes liefert Christen seit jeher Vorstellungsmaterial für Teufelskonzeptionen.[37] In Visionen wird von dem Kampf der göttlichen und satanischen Kräfte in einem dualistischen System in der Endzeit erzählt.[38] Gestalt erhält der Satan in dem aus dem Meer aufsteigenden Tier im 13. Kapitel der Offenbarung des Johannes. Diese Kreatur wird zugleich als Antichrist bezeichnet. So bestand die Erwartung, dass in der Endzeit sich der Widerstand gegen Gott verstärke und eine dämonische Herschergestalt – der Gegenmessias – an die Spitze der satanischen Mächte trete.[39] Unmittelbar an dieses Bild schließt die Vision von einem Tier von der Erde an. Dieses als falscher Prophet charakterisierte Tier steigt aus der Erde auf und manipuliert die Menschen, dem ersten Tier zu huldigen. Es heißt, die Kreatur erscheint wie ein Lamm und rede wie ein Drache. Gleich mit dieser Schilderung der Erscheinung des Tieres wird seine zwielichtige Stellung veranschaulicht: Die Kreatur ist ein Funktionär des ersten Tieres, der die Menschen mit verherrlichenden propagandistischen Verkündigungen und verwirrenden Zeichen und Wundern lockt. Am Ende dieser Vision appelliert Johannes an die Weisheit der Leser und stellt ihnen die Aufgabe, den Menschen, der der falsche Prophet und dessen Zahl 666 sei, zu identifizieren.

Dieses Rätsel zu lösen ist seitdem Ziel unzähliger Kommentatoren der Johannesoffenbarung. Als Strategie hierfür wird zumeist die Gematrie verwendet.[40] Gematrie ist eine althergebrachte Methode, mit der die vorborgene Bedeutung eines Wortes mittels der Zahlenwerte der Buchstaben eruiert werden kann. Sie beruht darauf, dass nach dem hebräischen wie dem griechischen Alphabet jeder Buchstabe zugleich einen Zahlenwert besitzt. Dementsprechend kann jedes griechische und hebräische Wort als Gruppe von Zahlzeichen gelesen werden. Indem der Autor der Offenbarung den Namen des Bettreffenden verschlüsselt hat, sollte gesichert werden, dass Christen, die sich der Methode bewusst sind, das Rätsel lösen können, es anderseits Außenstehenden erschwert wird. Tatsächlich ist die Entschlüsslung der Zahl 666 auf den

---

[37] Dornbusch & Killguss 2005 S.81
[38] Frick 1985 S. 36
[39] Roloff 1984 S.134-143
[40] Novotny

gemeinten Namen hin nahezu unmöglich, da sich unzählige Kombinationen finden lassen.[41] Die wohl überzeugendsten Lösungsmöglichkeiten finden sich in Kaiser Nero und Kaiser Domitian. Schreibt man Kaiser Nero mit hebräischen Buchstaben, so ergibt der Name den Zahlenwert 666.[42] Eine weitere gematrische Deutung erlaubt den Rückschluss zu Kaiser Domitian, dessen offizielle Bezeichnung in griechischen Buchstaben die Zahl 666 ergibt.[43] Für Kaiser Domitian spricht, dass dieser zur Zeit der Abfassung der Offenbarung amtierender Kaiser war und systematisch Christenverfolgung durchführte. Nero war zu jener Zeit hingegen bereits dreißig Jahre tot – stellte faktisch keine Gefahr mehr dar.

4.2 Satanistische Übernahme

Die Zahl 666 aus der Offenbarung des Johannes ist gegenwärtig eines der meist verwendeten Symbole des Satanismus. Die besondere Bedeutung der Zahl für den Satanismus rührt aus den Lehren von Aleister Crowley (1875-1947), dem Begründer des modernen Satanismus.[44] Crowley, der aus einem autoritär-christlichen Elternhaus stammte, entwickelte sich in seiner Jugendzeit zu einem kritischen Bibelleser.[45] Seine streng gläubige Mutter bemerkte das rebellische Verhalten des Sohnes mit Unwillen und bezeichnete ihn, in der Hoffnung ihn auf diese Weise zu züchtigen, als das Tier der Apokalypse, dessen Zahl 666 ist. Anstelle beschämt zu reuen, identifizierte Crowley sich mit dem Tier der Apokalypse, dem Antichrist, dessen Lehre der Menschheit die Erlösung bringen sollen. „*Das große Tier aus der Apokalypse*" (gr. „*To Mega Therion*") wurde zum provokanten Nom de Guerre von Crowley, mit dem er seinen Zeitgenossen Furcht einzuflössen suchte.

Ihre gegenwärtige außerordentliche Bekanntheit verdankt die Zahl 666 dem Faktum, dass zeitgenössische satanistische Gruppierungen zumeist ihre Ideologien in abgewandelter Form aus der Gedankenwelt Crowleys beziehen.[46] So hat sich die Ziffer als Symbol des Satanismus und als Synonym für Satan etabliert.[47] Dass sie dabei einen Bedeutungsverlust erlitten hat, ist evident: Sie wird als anti-christliches, satanistisches Symbol begriffen und ihre ursprüngliche Herkunft nicht weiter reflektiert. Die Gleichsetzung des Tieres mit dem Satan ist ferner nicht korrekt, handelt es sich bei dem zweiten Tier um den falschen Propheten und nicht um den Antichrist selbst. Gemeinhin hat sich das Symbol zu einer Modeerscheinung ausgebildet. Als

---

[41] Roloff 1984 S.144
[42] Roloff 1984 S.144
[43] Rommel 1998 S. 128f.
[44] Schweer 1997 S.65
[45] Frick 1985 S.36f.
[46] Dvorak 1979 S.6
[47] Jaeger & Pletsch 2002 S.19

gängiges Zeichen in Black Metal Bands und okkulten Jugendgruppierungen dient es eher dem Zweck der plakativen Darstellungen denn um konkrete satanistische Handlungsanweisungen.[48]

5.   Satanismus: Eine Spiegelreligion?

Bedenkt man, dass in einigen satanistischen Gruppierungen das christliche Kreuz umgekehrt und die Zahl 666 aus der Offenbarung als Synonym Satans gehandelt werden, so liegt der Schluss nahe, dass es sich beim Satanismus um eine Spiegelreligion handelt, die nur parasitär auf der Grundlage der christlichen Lehre bestehen kann. Inwiefern diese Aussage zutrifft, soll im Folgenden untersucht werden.

Es ist evident, dass der Satanismus in unmittelbarer Beziehung zur christlichen Tradition steht.[49] Zweifelsohne ist er gegen die Lehren des Christentums entstanden und nähert sich von dessen dualistisch geprägten Einstellungen. Doch gleichsam hat er sich in seiner Tradition auch gewandelt und verfremdet, so dass die theologischen Satanslehren diejenigen Bewegungen, die aus ihnen entstanden sind, nicht mehr zureichend beschreiben.[50] Neben invert-christlichem Satanismus existiert folglich ein expliziter Satanismus, der als etwas Eigenes, Positives zu betrachten ist. Dieser explizite Satanismus ist als sekundäre religiöse Orientierung zu definieren. Entscheidend für das Entstehen eines nicht-reaktiven expliziten Satanismus war der im 19. Jahrhundert aufkommende ethische Relativismus: Erst nachdem das dualistische Konzept von Gut und Böse an Authentizität verloren hatte, konnte sich die Satansgestalt verselbstständigen.[51] Gänzlich expliziter Satanismus mit organisatorischen Strukturen, so genannter achristlicher Satanismus, entwickelt sich schließlich erst ab 1966 mit der Gründung der Church of Satan von Anton Szandor LaVey.[52] Dieser autarke, sekundär achristliche Satanismus leitet sich zwar wiewohl von christlichen Lehren her, hat sich jedoch zu einer positiven Religion entwickelt, die weitgehend losgelöst von christlichen Bezügen ist.[53]

---

[48] Dornbusch & Killguss 2005 S.80
[49] Zacharias 1990 S.9-20
[50] Schmidt 2003 S.10
[51] ebd. S.75
[52] ebd. S.139
[53] ebd. S.13

Die in der einschlägigen Literatur[54] häufig vertretene These, der Satanismus sei eine parasitäre Spiegelreligion, greift ergo zu kurz. Es ist unbezweifelbar, dass im historischen bzw. rationalistischen Satanismus von einem ungebrochenen theologischen Satansbild ausgegangen wird und dass dort der Satan als Gegenspieler Gottes verehrt wird.[55] Diese Form des Satanismus trägt auch tatsächlich antithetische Züge.[56] Der sekundäre achristliche Satanismus präsentiert sich indessen als ein expliziter Satanismus. Dieser hat sich von seinen Ursprüngen in der theologischen Satanslehre losgelöst und emanzipiert, so dass er nicht als Spiegelreligion zum Christentum betrachtet werden kann. Die These lässt sich allenfalls auf den historischen bzw. reaktiven Satanismus anwenden; sie auf den totalen Satanismus anzuwenden, zeugt dagegen von einer undifferenzierten und vorschnellen Herangehensweise.

6. Schlusswort

In Hinblick auf die Symbolik des Satanismus ist zu konstatieren, dass nahezu übergreifend in Vergangenheit und Gegenwart christliche Symbole konterkariert wurden. Das christliche Kreuz – das Zeichen der Christenheit und Symbol für den Triumph über den Tod – wird umgekehrt und als satanistisches Symbol verwendet. Ungeachtet dessen, dass das inverse Kreuz ursprünglich auf die Kreuzigung des Apostel Petrus referiert, wird es mit einer neuen Bedeutung versehen und dem Christentum entgegengestellt. In den Schwarzen Messen des 17. Jahrhunderts wurden in schwarzmagischen Praktiken Kreuze verwünscht, zerstört und als kontrastives Element zur christlchen Messe verwendet. Diese Messen waren in ihrer Ritualistik unreflektiert und an gängigen Klischees orientiert.[57] Gegenwärtig wird das inverse Kreuz als plakatives Zeichen in satanistischen sowie antichristlichen Gruppierungen verwendet und von seriöseren Anhängern freilich gemieden. Ähnlich verhält es sich mit der apokalyptischen Zahl 666 des falschen Propheten. Publik geworden durch den Stammvater des neuzeitlichen Satanismus Aleister Crowley genießt die Ziffer größte Bekanntheit. Bedeutungsentleert wird sie in der Öffentlichkeit und bei unreflektierten Gruppierungen als Synonym Satans begriffen.

Der Rückschluss, dass der Satanismus aufgrund der Umkehrung der christlichen Liturgie als Spiegelreligion zu verstehen sei, ist jedoch nicht abzuleiten. Auch wenn diese Symbole im

---

[54] vgl. Biewald, Grandt, Jaeger & Pletsch, Novotny, Zacharias
[55] Grandt 2000 S.43
[56] Zacharias 1990 S.20
[57] Grandt 2003 S.60

reaktiven paradigmatisch konformen Satanismus verwendet wurden und werden, ist nicht zu bestreiten, dass sich bei achristlichen satanistischen Gruppierungen eine solche Symbolik nur noch vereinzelt findet. Diese moderne Form des Satanismus ist zu etwas Positiven geworden und existiert unabhängig von christlichen Weltbildern. Lediglich in ironischen, spielerischen Gesten, wie sie beispielsweise von LaVey getätigt werden, finden sich noch diese satanistischen Klischees wieder. Gegenwärtig lassen sich zwei Trends für die Verwendung der Zeichen feststellen: Zum einen sind sie im Trivialraum bei unorganisierten reaktiven Satanisten, sowie bei Black Metal-Gruppen und Jugendlichen tatsächlich in Verwendung. Zum anderen handelt es sich bei diesen klischeehaften Symbolen um massenmediale Konstrukte:[58] In einer reißerischen Berichterstattung wie sie im Boulevardjournalismus und den Werken über satanistische Verschwörungstheorien geläufig ist, werden unbewiesene Behauptungen als Fakten suggeriert. Es sind folglich häufig die massenmedial geweckten Rollenerwartungen, die Satanisten bzw. Pseudo-Satanisten zu diesen Symbolen greifen lassen – immer aber, sehen Verschwörungstheoretiker in diesen Phänomen einen Beweis für ihre Argumentation.

---

[58] Goetz 2003 S.19f.

7. Bibliographie

Bauer, Wolfgang & Dümotz & Golowin: Lexikon der Symbole. 20. überarbeitete Auflage. Wiesbaden: Matrix Verlag 2004.

Baudler, Georg: Das Kreuz. Geschichte und Bedeutung. Düsseldorf: Patmos Verlag 1997.

Becker, Udo: Lexikon der Symbole. Mit über 900 Abbildungen. Freiburg: Herder 1998.

Biedermann, Hans: Knaurs Lexikon der Symbole. München: Knaur Verlag 1998.

Biedermann, Hans: Knaurs Lexikon der Symbole. München: Knaur Verlag 1998.

Bihler, Elsbeth: Wasser – Kreuz. Werkbuch für Religionsunterricht und Katechese. Limburg: Lahn-Verlag 1994 (=Symbole des Lebens – Symbole des Glaubens Band 2).

Böttrich, Christfried: Petrus. Fischer, Fels und Funktionär. Leipzig: Evangelische Verlagsgesellschaft 2001.

Bonin, Werner F.: Lexikon der Parapsychologie und ihrer Grenzgebiete. Bern, München: Scherz Verlag 1976.

Chiremont, Leormant J. de: Histoire veritable et memorable de ce qui c'est passé sous l'exorcisme de trois filles possedées és pais de Flandre, en la descouverte et confession de Marie de Sains…et Simone Dourlet, complice, et autres. Extraict des memoires de Messire Nicolas de Momorenci…et du R.P.F. Sebastien Michaëlis [O.P.] … et du R.P.F. Francois Donsieux…mis en lumiere par J. le Normant…etc.. Paris : 1623. *[nicht eingesehen]*

Dornbusch, Christian & Killguss: Unheilige Allianzen. Black Metal zwischen Satanismus, Heidentum und Neonazismus. Hamburg, Münster: UNRAST-Verlag 2005 (reihe antifaschistischer texte).

Dvorak, Josef: Gnosis des Bösen. In: Die Synagoge Satans. Entstehung und Kult des Hexensabbats, des Satanismus und der Schwarzen Messe. Hg. v. Stanislaw Przybyszewski. Berlin: Verlag Clemens Zerling (= Esoterik und Schwärmerei. Materialien zu Häresie, Ketzerei und Hexerei Bd.1).

Forstner, Dorothea: Die Welt der christlichen Symbole. Mit 32 Kunstdruckbildern. Dritte, verbesserte Auflage. Innsbruck: Tyrolia-Verlag 1977.

Frick, Karl R.H.: Satan und die Satanisten. Idengeschichtliche Untersuchungen zur Komplexen Gestalt ´Luzifer / Satan / Teufel`, ihrer weiblichen Entsprechungen und ihrer Anhängerschaft. Graz: Akademische Druck-u. Verlagsanstalt 1985 (=Die Satanisten Teil 2).

Gibson, Clare: Zeichen und Symbole. Ursprung, Geschichte, Bedeutung. Köln: Könemann Verlagsgesellschaft mbH 2000.

Grandt, Guido & Grandt: Satanismus – die unterschätze Gefahr. Düsseldorf: Patmos Verlag 2000.

Herrmanns, Heinrich: Zeichen des Glaubens. Christliche Symbole damals und heute. Hamburg: Agentur des Rauhen Hauses Hamburg 1988.

Jaeger, Hartmut & Pletsch: Das Böse ist unter uns. Satanismus/Okultismus – die verschwiegene Realität. Dillenburg: Christliche Verlagsgesellschaft 2002.

Kemner, Heinrich: Simon Petrus. Die Geschichte einer Wandlung vom Ich zum Er. Lahr-Dinglingen: Reinhard Kawohl Wesel 1980.

Kirchhoff, Hermann (Hg.):Ursymbole und ihre Bedeutung für die religiöse Erziehung. Mit Beiträgen von Charlotte Foos, Hermann Kirchhoff, Winfried Nonhoff und Jan Heiner Schneider. Zweite, erweiterte Auflage. München: Kösel-Verlag 1985.

LaVey, Anton Szandor: Satanische Bibel und Rituale. Zeltingen-Rachtig: Index Verlag 2007.

Roloff, Jürgen: Die Offenbarung des Johannes. Zürich: Theologischer Verlag 1984 (Züricher Bibelkommentare NT 18).
Rommel, Kurt: Afra, Candidus und Fridolin. Kirchennamen und biblische Zeichen. Stuttgart: Quell Verlag 1998.

Schmidt, Joachim: Satanismus. Mythos und Wirklichkeit. 2. durchgesehene und aktualisierte Auflage. Marburg: Diagonal-Verlag 2003.

Schweer, Thomas: Stichwort: Satanismus. 3. Auflage. München: Wilhelm Heyne Verlag 1997 (= Heyne Sachbuch Nr.19/4102).

Zacharias, Gerhard: Satanskult und Schwarze Messe. Nachseite des Christentums. Ein Beitrag zur Phänomenologie der Religion. Vierte, erweiterte Auflage. München: Limes Verlag 1990.

Internetquellen

Goetz, Alexander: Satanismus und der Pfad zur Linken Hand. http://www.njoerd-ffm.de/satanis/satanism25.pdf (12.05.2008).

Das ökumenische Heiligenlexikon. http://www.heiligenlexikon.de/BiographienP/Petrus.htm (3.05.2008)
Novotny, Thomas: 666. Wer Verstand hat, der überlege die Zahl. http://www.religio.de/dialog/297/297s22.html (3.05.2008)

Lightning Source UK Ltd.
Milton Keynes UK
UKRC010919090219
336937UK00007B/49